INSTRUCTION PUBLIQUE.

FACULTÉ DE DROIT DE STRASBOURG.

ACTE PUBLIC

SUR

LES PRIVILÉGES CIVILS

ACCORDÉS AUX MILITAIRES,

*Qui sera soutenu à la Faculté de Droit de Strasbourg,
le Samedi 14 Août 1819, à quatre heures de relevée,*

POUR OBTENIR LE GRADE DE LICENCIÉ EN DROIT,

PAR

CHARLES SICARD,

BACHELIER EN DROIT ET ÈS-LETTRES,

NÉ A METZ (MOSELLE).

STRASBOURG,

De l'imprimerie de Levrault, impr. de la Faculté de Droit.
1819.

A

MON PÈRE,

INTENDANT MILITAIRE DE LA 12.ᶜ DIVISION,

Chevalier de S. Louis et de la Légion d'Honneur.

M. Hermann, Chevalier de l'Ordre royal de la Légion d'Honneur,
Doyen de la Faculté de Droit.

EXAMINATEURS:

MM. Hermann,
    Thieriet de Luyton, } Professeurs.
    Laporte,
    Blœchel, ... Professeur-suppléant.

*La Faculté n'entend approuver ni désapprouver les opinions
particulières au Candidat.*

DES
PRIVILÉGES CIVILS

ACCORDÉS

AUX MILITAIRES.

INTRODUCTION.

« La force publique, considérée d'une manière générale, est la
« réunion de la force de tous les citoyens ; l'armée est une force
« habituelle, extraite de la force publique, et destinée essentiel-
« lement à agir contre les ennemis du dehors.[1] »

Comme citoyen, chaque membre de l'armée est soumis avant
tout aux lois communes : comme soldat, il obéit à des lois particulières.

La loi commune est celle qui s'applique également à tous les
citoyens ; mais elle est modifiée par une infinité d'exceptions : or,
toute disposition particulière qui s'écarte de la loi générale peut
être considérée comme un privilége (*priva lex*) ; ainsi chaque fois
que la loi militaire, qui n'est que particulière, déroge à la loi civile,
qui est commune, il y a privilége civil à l'égard des militaires.

Le droit civil, pris dans toute son étendue, embrasse les lois
politiques, civiles et criminelles ; dans un sens plus restreint il ne
comprend que les lois civiles proprement dites, abstraction faite

---

1 Loi du 12 Décembre 1790.

des lois politiques et criminelles : c'est sous ce dernier point de vue qu'on se propose d'examiner les priviléges des militaires dans les législations romaine et françoise.

Les priviléges des soldats romains n'étoient, dans le principe, que des concessions rigoureuses : elles devinrent bientôt des faveurs illimitées ; cependant, hormis quelques exceptions avantageuses, ils étoient strictement assujettis au droit commun.

En France, le Code civil a déterminé les priviléges des militaires avec une précision qui ne laisse d'autre désir que celui de les voir bientôt consacrés dans un code militaire : sans doute que le chapitre des relations civiles particulières ne seroit pas le moins intéressant, si quelques succès pouvoient couronner une si belle entreprise.

Il résulte du Code civil et d'un grand nombre de lois et de réglemens, que les militaires sont, aujourd'hui, citoyens avant tout, et, comme tels, soumis d'abord à la loi commune ; qu'ils n'ont d'autres priviléges que ceux que les lois ont sanctionnés, et que leurs priviléges n'ont d'autre base que la justice et l'équité.

« Enfin les militaires sont rappelés à cette idée, dont il est si
« essentiel qu'ils se pénètrent, que la profession des armes, sans
« contredit la plus brillante, n'est pas l'état naturel de l'homme et
« du citoyen ; que la société, les droits individuels et la propriété
« se conservent habituellement par des voies, des formes et des
« professions plus douces ; que la guerre est un remède violent,
« un état de crise ; qu'on est soldat par accident, qu'on est con-
« tinuellement citoyen, et, à ce titre, toujours soumis aux lois,
« toujours protégé par elles. [1] »

---

[1] Extrait du rapport de M. Siméon, alors tribun, aujourd'hui conseiller d'État, sur le titre II du Code civil. V. Exposé des motifs, tom. 1.er, p. 241.

LÉGISLATION ROMAINE

SUR LES PRIVILÉGES CIVILS ACCORDÉS AUX MILITAIRES.

Instrument de gloire ou de despotisme, quand il ne fut plus l'égide de la liberté, le soldat romain a toujours été l'objet de certains priviléges, plus ou moins étendus, selon qu'ils étoient accordés par la faveur ou dictés par le besoin. Parmi ceux que lui assuroit la loi civile, on remarque le pécule *castrense*, le testament appelé *in procinctu*, remplacé par le testament militaire, et quelques autres exceptions moins importantes.

Du pécule castrense.

Rome, qui tenoit toute sa force de l'union de ses citoyens, avoit consacré le droit des familles, comme principe fondamental de l'État, et revêtu la puissance paternelle d'un pouvoir absolu. Le fils de famille militaire lui resta soumis, sans distinction de grade, jusqu'au temps de JUSTINIEN[1], qui l'en affranchit en faveur du consulat[2] et d'autres dignités[3]. Elle étoit encore suspendue pendant la captivité du père ou du fils, et se récupéroit par le seul fait du retour, en vertu du droit appelé *jus postliminii*, qui réintégroit l'absent dans tous ses droits.[4]

La loi quiritaire, en reléguant le fils de famille dans la classe des choses, l'avoit privé du caractère de personne (*Persona est homo cum statu civili consideratus; qui nullo statu civili gaudet, non persona, sed res habetur*[5]) et du droit d'acquérir; mais il

Puissance paternelle.

---

1 §. 4, *Inst.*, *quib. mod.* jus patr. pot. solv. L. 3, C. de castr. pecul.

2 *Nov.* 81, c. 1.

3 *Inst.*, *l. c.*, §. 5, C. de coss. L. *fin*. C. de decur., etc.

4 §. 5, *Inst.*, *l. c.*

5 HEINECCII *Elem. jur. civ. secund. ord. Inst. tit. de jur. person.*

en jouissoit toujours aux yeux de la loi naturelle, et c'est en ce sens qu'il faut entendre les droits du père sur la personne et sur les biens de ses enfans. Suivant ces droits, le fils de famille n'avoit rien en propre, et tout ce qu'il acquéroit, il l'acquéroit à son père[1] : on y dérogea pour la première fois, en faveur des militaires, par l'introduction du pécule *castrense.*

Origine des pécules.

Le pécule des fils, qui paroît être postérieur à celui des esclaves, se définit en général : *complexus bonorum, quæ filius familias a rationibus paternis separata habet.* [2]

Auguste fut le premier qui permit aux fils de famille de faire un testament[3], lorsqu'ils étoient soldats ; mais il falloit qu'ils eussent d'abord la faculté d'acquérir pour avoir celle de disposer ; et comme, à l'époque de Cicéron, il n'est pas encore question du pécule *castrense,* il est à présumer qu'il a été introduit par J. César, ou du moins de son temps.

Les empereurs le favorisèrent successivement, tant pour inviter la jeunesse au service militaire et se l'attacher par des récompenses, que pour la soustraire à l'autorité paternelle. Adrien l'étendit aux vétérans[4], et fit passer aux biens un privilége qui n'appartenoit d'abord qu'aux personnes.

Justinien accorda le même avantage à différens fonctionnaires civils, sous le nom de *quasi-castrense*[5]. Enfin ces deux pécules

---

1 §. 1, *Inst. per quas personas.* Dionys. Hal. *lib. VIII, c.* 91.

2 L. 3, §. 3, *sq., ff. de peculio.* Le mot *peculium* dérive du mot *pecus.* Avant de connoître la monnoie, on se servoit des troupeaux comme signes représentatifs des valeurs. V. Menag. *Amænit. jur. civ., c.* 39, *Voce Peculium.*

3 *Pr. Inst., quib. non est permiss. fac. test.*

4 *Eod.* Le jurisconsulte allemand Eichmann (*Pandekten, t.* 3, *pag.* 128) prétend que les employés à la suite de l'armée n'avoient point le privilége du pécule *castrense ;* quant aux matelots et aux rameurs en activité de service sur les flottes, ils étoient assimilés aux soldats et jouissoient des mêmes avantages. *ff., l. unic., §.* 1, *de bonor. poss. ex test. milit.*

5 L. 4, 14, *C. de advoc.* L. *ult., C. de inoff. test.* L. 7, *C. de bon. quæ liber. Nov.* 123, *c.* 19.

furent appelés militaires, en opposition au pécule paganique, *paganum*, qui provenoit de toute autre acquisition faite hors le service.[1]

Le pécule *castrense* comprenoit tout ce que le fils de famille avoit acquis à l'occasion du service militaire[2] : ainsi, toute chose mobilière reçue en allant à la guerre de ses père et mère, de ses parens ou de ses amis ; toute acquisition faite au service, telle que la succession de ses compagnons d'armes, même lorsqu'elle consistoit en immeubles ; celle de son frère, soldat dans le même camp, au préjudice du père, et toute espèce de remploi provenant des biens *castrenses*, faisoient partie de ce pécule. Cependant les donations d'immeubles en général, la succession de la mère, quoique échue pendant le service, et tout ce qui n'étoit pas acquis à cette occasion, n'entroient pas dans sa composition.[3]

Le pécule *castrense* appartenoit au fils en toute propriété : il pouvoit en disposer à son gré, sans que le père eût le droit de s'y opposer[4]. En conséquence, les créanciers du père ne pouvoient vendre ni inquiéter le pécule en aucune manière ; le fils le conservoit intact à la mort du père, et n'étoit pas obligé d'en tenir compte à ses frères[5]. Les effets du sénatus-consulte macédonien cessoient à l'égard du fils de famille qui avoit un pécule, jusqu'à concurrence de sa valeur[6]. Enfin, le fils pouvoit intenter, même contre son père, toutes les actions relatives à son pécule.[7]

Le droit de disposer emportoit celui de tester, qui, selon la loi des XII tables, n'appartenoit qu'au père.[8] Afin de ne point déroger

Composition du pécule castrense.

Droit d'en jouir et d'en disposer.

---

1 §. 1, *Inst. per quas personas.*

2 L. 11, *ff. de cast. pecul.*

3 L. 8, *ff. eod.* L. 1, 4, *C. eod.*

4 L. 2, 3, *C. eod.*

5 Pr. *Inst. quib. non est permiss. fac. test.*

6 L. 2, *ff. de SC. maced.*

7 §. 1, l. 4, *ff. de castr. pecul.*

8 *Pater familias uti super familia pecuniave sua legaverit, ita jus esto.* Cic., *ad Herenn.*, L. 1, C. 13 ; *de invent.*, L. 2, C. 50.

à cet ancien principe, le fils étoit censé, par une fiction de droit, père de famille pour tout ce qui concernoit le pécule *castrense*.[1] Il pouvoit instituer un héritier à son gré, sans être obligé d'en laisser la moindre partie à son père[2], sauf les restrictions portées dans la suite par l'introduction d'une réserve.

Autrefois le père étoit autorisé à s'emparer du pécule, lorsque le fils décédoit *ab intestat*[3]. Les constitutions des princes modifièrent cette disposition, en le faisant passer aux descendans, ensuite aux collatéraux, et après ceux-ci aux ascendans[4] ; enfin la Novelle 118 le défère, non comme pécule, mais comme succession, d'abord aux descendans, ensuite aux ascendans concurremment avec les collatéraux.[5]

Du testament in procinctu.

Avant la loi des XII tables[6], le testament reposoit sur l'approbation du peuple et sur l'intervention des pontifes : il étoit porté comme loi écrite, et revêtu d'une sanction formelle *in comitiis calatis*[7] ; mais, comme ceux qui étoient à la guerre ne pouvoient y assister, on leur accordoit la déclaration *in procinctu*, qui étoit tacitement ratifiée comme coutume.

Étymologie et origine. Le testament *in procinctu, cinctu gabino, endo procinctu ou procinctum*, fut ainsi nommé de ce qu'il étoit fait par des soldats,

---

1 L. 2, *ff. de SC. maced.*

2 L. 10, *ff. de castr. pecul. Pr. Inst., quib. non est permiss. fac. test.*

3 L. 2, 9, 14, *ff. eod., de castr. pecul.*

4 L. 3, 4, *C. bonis quæ lib. L. ult., C. commun. de success. Pr. Inst., quib. non est permiss. fac. test. L. 2, ff. de pecul. castr.*

5 VINN., *ad Inst. pr., quib. non est permiss. fac. test.*

6 BOUCHAUD, *Mém. de l'Acad.*, t. 37, p. 262. Pr. Inst., de test. ord.

7 *Comitia calata erant quæ pro collegio pontificum habebantur, aut regis, aut flaminum inaugurandorum causa; iisdem et sacrorum detestatio et testamenta fieri solebant.* AUL. GELL., *lib. XV, c. 27.*

qui ceignoient leur robe en marchant à l'ennemi [1]. Selon SERVIUS [2] et ISIDORE [3], le *cinctus gabinus* étoit le pan de la robe, qu'on portoit d'ordinaire sur le bras gauche, qu'on rejetoit par derrière, de façon qu'il revînt sur la poitrine, et formât une espèce de ceinture. Il tiroit son origine des Gabiens, qui, surpris par l'ennemi au moment qu'ils étoient occupés à faire des sacrifices, n'eurent que le temps de relever leur robe pour aller combattre. Depuis on employa cette manière de se vêtir dans plusieurs occasions : les prêtres s'en servirent dans les sacrifices, les généraux, lorsqu'ils se dévouoient pour le salut de l'armée, et tous les gens de guerre, dans les momens de crise et d'alarme.

Selon PLUTARQUE [4], c'étoit une coutume observée chez les Romains, que ceux qui, pour marcher au combat, avoient déjà embrassé leur bouclier et retroussé leur robe, fissent leur testament *in procinctu*, en nommant leurs héritiers devant trois ou quatre témoins. Ce privilége n'étoit pas accordé à l'ignorance des soldats, comme le fut en partie le testament militaire; car l'armée n'étoit point alors tirée de la lie du peuple, mais composée de l'élite des citoyens : c'est plutôt aux dangers de la guerre et aux rapports intimes de ce testament avec le culte religieux qu'il faut en attribuer les motifs. [5]

CICÉRON [6] nous apprend que l'armée pratiquoit certaines cérémonies religieuses lorsqu'elle étoit en campagne, et que le testament *in procinctu* ne fut plus observé du moment qu'elles tombèrent en désuétude. TITE-LIVE [7] semble confirmer cette inti-

Ses rapports avec le culte.

---

1 THÉOPH. *Inst.* §. 1, *de test. ord.*
2 *In Æneid., lib. VII, v.* 612.
3 *Origines, lib. XIX, c.* 24.
4 *In Cor. in fin.*
5 BOUCHAUD, *l. c.*
6 *De nat. deor., lib. II, c.* 3.
7 *Lib. VIII, c.* 9; *lib. X, c.* 7, 28.

mité, en rapportant le testament *in procinctu* au sujet du dévouement solennel, qui ne se passoit pas sans de grandes cérémonies; et de ce qu'il dit ailleurs[1], que chaque fois qu'un Romain se sacrifioit pour le bien public, sa dernière volonté avoit force de loi, HEINECCIUS[2] conclut, qu'il n'y avoit que ceux qui se dévouoient ainsi, qui eussent le privilége du testament *in procinctu*.

Il faut distinguer plusieurs cas de dévouement, qui différoient selon les cérémonies religieuses : c'est ainsi que l'armée pouvoit être dévouée par les pontifes, dès son entrée en campagne, sans que ce rite emportât le testament *in procinctu* de telle façon qu'il fut valable, lorsque le testateur n'étoit pas exposé; par-contre, tout soldat qui marchoit à une mort certaine pouvoit tester *in procinctu*, bien que sa déclaration n'eût pas été accompagnée de cérémonies particulières. Enfin, il y avoit un dévouement solennel qui emportoit le testament *in procinctu* de plein droit, mais non pas exclusivement; car, ce n'est pas parce que ce dévouement étoit assez rare que le testament *in procinctu* l'étoit aussi, mais parce que ce testament n'étoit permis que dans le cas d'un danger imminent, et que hors ce cas il ne l'étoit plus.

Il tombe en désuétude. La loi des XII tables avoit entièrement renversé le testament *in comitiis calatis*, sans porter atteinte au testament *in procinctu*; cependant, comme le Droit commun étoit devenu praticable à l'armée, il est possible qu'on l'ait suivi dans certains cas, et que le testament *in procinctu* n'ait été réservé que pour les dangers extraordinaires : toutefois il est certain qu'il s'évanouit avec les cérémonies religieuses, et qu'il n'en est plus question après la mention qu'en fait VELLEJUS[3], peu de temps avant le sac de Numance.

---

1 *Lib. X*, c. 29 ; *lib. XXVI*, c. 11.

2 *In exercit. XII, de orig. testamenti fact. et rit. test. antiq.* M. HUGO, *Lehrbuch der Gesch. des röm. Rechts*, p. 93, prétend que le testament *in procinctu* n'avoit aucun rapport avec le dévouement des généraux.

3 *L. II*, c. 4.

J. César[1] et Florus[2], en parlant de la consternation qu'Ario-
viste avoit jetée dans l'armée, rapportent qu'on s'empressoit dans
tout le camp d'écrire des testamens, et d'y faire apposer les ca-
chets des témoins. Cette forme étoit celle des préteurs, qui paroît
avoir remplacé le testament *in procinctu*; ce n'est pas que le
danger fût insignifiant en cette occasion, mais c'est parce que ce
testament *in procinctu* n'étoit plus d'usage, qu'on eut recours au
Droit commun.

Du testament militaire.

Enfin J. César introduisit le testament militaire. Ce privilége Origine et
motifs.
n'avoit aucun rapport avec le testament *in procinctu :* créé par la faveur plutôt que par la nécessité, il ne fut accordé que pour le moment; mais Titus et Domitien le renouvelèrent, et après eux Nerva
et Trajan le confirmèrent à perpétuité, en lui donnant une plus
grande latitude[3]. Justinien le place à la tête des testamens privi-
légiés, et n'exige pour sa validité qu'une déclaration sérieuse et
constatée, sans considérer sa forme ni son contenu.

L'ignorance étoit une des causes prochaines[4] de ce testament;
mais ce n'étoit pas la principale, car elle étoit censée toujours
exister, tandis que le privilége n'étoit valable qu'en cas d'expédition : c'est plutôt aux travaux et aux périls du métier qu'il faut en
rapporter le motif principal[5]; car ce testament n'étoit accordé
que pendant l'expédition, et s'étendoit alors même aux non-militaires. Un autre motif, moins apparent, mais plus immédiat, étoit
le besoin de s'attacher l'armée, depuis qu'elle disposoit de l'empire.

---

1 *De bell. gall.*, *lib. I, c.* 39.
2 *Lib. III, c.* 10.
3 *L. I, pr.,* *ff. de test. milit.*
4 *Pr. Inst. eod. L.* 1, *pr.,* *ff. eod. L.* 3, *C. eod.*
5 *L. un.,* *ff. de bonor. poss. ex test. milit.*

Quand et à qui il appartient.

Le testament militaire n'appartenoit en général qu'aux soldats en expédition [1], c'est-à-dire engagés ou prêts de s'engager avec l'ennemi. Ce terme ne comprenoit pas le moment de la mêlée seulement, ni la longueur d'un guerre entière ; mais tout le temps pendant lequel l'armée étoit en mouvement, soit pour attaquer ou recevoir, soit pour éviter ou poursuivre l'ennemi. Il falloit que les soldats eussent prêté serment et fussent incorporés : mais cela seul ne suffisoit pas ; car, hors le cas d'expédition, ils ne pouvoient tester que suivant le Droit commun. Selon plusieurs auteurs, ce testament avoit été accordé autrefois en temps de paix comme en temps de guerre ; mais Justinien le restreignit expressément au cas d'expédition.

Ainsi, le motif principal de ce testament venant à manquer, tous ceux qui étoient en garnison ou en quartier d'hiver, les gouverneurs et employés militaires [2] des provinces, les prisonniers et les otages [3], étoient exclus du privilége. Cependant le soldat condamné à mort [4] en jouissoit encore à l'égard des biens *castrenses* et *quasi-castrenses*, pourvu qu'il lui eût été expressément accordé dans le jugement, qu'il n'ait pas été délié de son serment, et qu'il ait été condamné pour délit militaire autre que celui d'infidélité à son serment. Le soldat qui étoit devenu sourd et muet pouvoit user du privilége sans la permission du prince, à la différence du *paganus*, qui ne pouvoit tester sans cette permission [5]. Enfin le testament militaire étoit encore valable pendant l'année qui suivoit le congé [6], parce que les priviléges accordés aux absens continuoient à courir pendant l'année de leur retour. Le congé devoit

---

1 *Pr. Inst. de milit. test.* L. 17, *C. eod.*

2 L. 1, §. 12, *ff. de off. præf. urb.* L. 10, *ff. de honor. poss.*

3 L. 10, *ff. de test. milit.*

4 L. 11, *ff. eod.* Vinn., *ad Inst. eod.* L. 13, *C. eod.*

5 §. 2, *Inst. de milit. test.*

6 §. 3. *Inst. eod.* L. 21, 23, 38, *ff eod.*

être honorable, ou motivé par une maladie, des blessures, etc.
Le privilége étoit cassé par le renvoi ignominieux et par le remplacement, du moment qu'ils étoient prononcés. [1]

Toujours attentif à la cause principale de ce testament, on l'avoit accordé par extension, sous le nom *de testamentum pagani in hostico*[2], aux non-militaires qui se trouvoient enveloppés dans l'expédition. Il appartenoit à tous ceux qui suivoient l'armée par destination ou par nécessité, tels que les employés, les femmes[3], les réfugiés; les *calones* et les *focariæ* en étoient exceptés, par la raison qu'ils étoient exclus de l'armée. Il ne s'étendoit pas à tous les habitans de la province qui étoit le théâtre de la guerre, mais seulement à ceux qui se trouvoient exposés aux hostilités et qui périssoient dans cette circonstance; à la différence du testament des soldats, qui restoit valable pendant tout le temps de l'expédition.[4]

Le testament militaire reposoit essentiellement sur le principe, qu'on ne considère jamais que la simple volonté du testateur, et que sa déclaration est valable, de quelque manière qu'elle soit faite: *quo modo possint ac velint testentur*[5]. Il étoit affranchi des règles de Droit commun, en tant qu'il pouvoit être constaté sans elles, et qu'il ne renfermoit pas de clauses captatoires ou infames.[6] Enfin, ce qu'il y avoit de plus avantageux, c'étoit, qu'affranchi des formes, il étoit à l'abri des subtilités qui s'attachoient à la confection et à la rescision du testament ordinaire.

Les solennités externes différoient selon que le testament étoit écrit ou nuncupatif: dans le premier cas, le testateur étoit dispensé Solennités externes.

---

1 Vinn., *ad Inst. eod.* L. 21, 26, *ff. eod.* L. 2, §. 2, *ff. de his qui not. infam.*
2 *L. ult., ff. de test. milit.* L. un., *ff. de bonor. poss. ex test. milit.*
3 *L.* 1, *C. de uxorib. milit.*
4 Lauterbach, *Colleg. théor. pract. ad ff. de test. milit.*, §. 10.
5 *L.* 15, *C. eod.*
6 *L.* 11 *C. eod.*

de la continuité de l'acte et de la présence des témoins, par conséquent de leur convocation et de leur signature [1]; l'écriture pouvoit consister indistinctement en lettres ou en signes tachygraphiques, *notæ* [2]. Enfin, JUSTINIEN ordonna, pour dernière latitude, que tout ce que le testateur auroit écrit, soit sur son bouclier, soit sur le fourreau de son épée avec son sang; tout ce qu'il auroit tracé sur la poussière avec son épée au moment d'expirer, seroit valable comme testament [3], pourvu qu'il y eût une preuve quelconque à l'appui de ces faits. [4]

Comment constater le testament nuncupatif sans témoin? Il en falloit deux au moins, parce que la loi en exigeoit plusieurs [5], et que la preuve d'un seul n'étoit pas concluante [6] : mais il n'étoit pas nécessaire qu'ils fussent appelés expressément, ni qu'ils eussent toutes les qualités ordinaires; car on admettoit même les femmes et d'autres incapables [7]. On demande si le père pouvoit servir de témoin à son fils de famille soldat? Il faut distinguer deux cas : si le fils avoit fait son testament pendant qu'il étoit au service, soit qu'il l'eût fait en expédition, selon le Droit militaire, soit hors d'expédition, selon le Droit commun, le père pouvoit lui servir de témoin; s'il l'avoit fait après avoir reçu son congé, le père n'avoit plus cette capacité, quoique le fils fût affranchi de sa puissance à l'égard du pécule *castrense*, lequel seul pouvoit être l'objet de son testament. [8]

La loi exigeoit surtout une déclaration sérieuse : ainsi, ce qui

---

1 VINN., *ad Inst. eod.*
2 L. 40, *ff. eod.*
3 §. 15, *C. eod.*
4 L. 40, *ff. eod.*
5 §. 1, *Inst. eod.* L. 24, *ff. eod.*
6 Pr. L. 40, *ff. eod.*
7 LAUTERBACH, *ad. ff.*, *l. c.*, §. 17.
8 VINN., *ad Inst.*, §. 3, *de test. ord.*

auroit été dit en riant, ou d'un ton vague et hasardé, n'étoit pas réputé volonté[1] ; mais si la veille d'une bataille un soldat disoit, en présence de ses compagnons d'armes, *j'institue un tel mon héritier, et vous en prends à témoin*, sa déclaration devenoit valable comme testament, par le seul fait de la déposition des témoins.[2] Ces conditions étoient de rigueur, et devoient en outre s'appuyer des circonstances; car, quelque étendu que fût le privilége, il ne devoit pas nuire à celui qui en étoit l'objet[3], ni déroger au Droit des gens.

La remise des solennités externes tenoit à la nature du testament militaire; mais celle des solennités internes étoit, en grande partie, de pure libéralité, et d'autant plus avantageuse qu'elle se rapportoit au fond même. En vertu de cette dernière, le soldat pouvoit passer ses enfans sous silence, sans avoir besoin de les exhéréder expressément, même s'ils étoient militaires[4] : il pouvoit instituer toute personne quelconque[5], même incapable, tels que les étrangers et les déportés[6], à moins qu'elle ne fût nommément exclue par la loi, tels que les *servi pœnæ*[7], les concubines[8], et les hérétiques[9]; pour qu'il pût recevoir par testa-

Solennités internes.

---

1 §. 1, *Inst. de milit. test. L.* 24, *ff. eod.*

2 Vinn., *ad Inst.*, §. 1, *eod.*

3 §. 1, *Inst. eod.* Suétone raconte de Domitien qu'il lui arrivoit souvent d'envahir la succession de ses soldats, en faisant déposer par un seul témoin qu'ils l'avoient nommé leur héritier. *In vit. Domit.*, c. 12.

4 *L.* 7, 8, 9, *ff. eod. L.* 9, *C. eod.* §. 6, *Instit. de exhered.*

5 *L.* 5, 15, *C. eod.*

6 *L.* 13, §. 2, *ff. eod.* Les étrangers et les déportés ne pouvoient être institués dans le testament ordinaire; mais rien n'empêchoit que les concubines ne le fussent: ce qu'elles avoient reçu d'un soldat leur étoit ôté et réversible au fisc, lorsque le testateur décédoit dans l'année de son congé. On exigeoit plus de mœurs d'un militaire que d'un *paganus.*

7 *ff. l. c.*

8 *L.* 14, *ff. de his quæ ut indignis auf. L.* 41, §. 1, *ff. de test. milit.*

9 *L. f.*, *C. de hæret.*

ment, il suffisoit qu'il en eût la capacité au moment de la mort du testateur. Il pouvoit tester sans être sûr de son état, c'est-à-dire sans savoir s'il étoit *sui* ou *alieni juris*[1]; il pouvoit décéder partie testat, partie intestat[2], c'est-à-dire disposer de ses biens de manière que l'héritier institué n'eût que la portion déterminée, sans droit d'accroissement, et que le reste appartînt aux héritiers légitimes; enfin, il pouvoit instituer *ex die et ad diem*[3], déférer la succession par codicille[4], et substituer à son gré.[5]

Infirmation.   Un avantage non moins essentiel du testament militaire, étoit l'éloignement de tout ce qui pouvoit tendre à *l'infirmer*. C'est ainsi qu'il n'étoit point annulé par le petit changement d'état. Le testament du fils de famille soldat[6] restoit toujours valable, malgré son adoption ou son émancipation, pourvu qu'il ne disposât que du pécule *castrense*[7]; mais si une personne *sui juris* avoit disposé de tous ses biens, et qu'ensuite elle vînt à être adrogée, son testament étoit rescindé à l'égard des biens non *castrenses*, dont la disposition appartenoit au père adrogateur seul.[8] Le testament n'étoit pas annulé par un héritier existant, ni par une naissance posthume à sa confection, lorsque le testateur en avoit connoissance; car il pouvoit les passer sous silence : mais lorsqu'il ignoroit qu'il eût un fils ou que sa femme fût enceinte, ou lorsque, sur de faux bruits, il avoit cru son fils mort[9], il

---

1 L. 11, §. 1, *ff. de test. milit.*

2 L. 6, *ff. eod.* L. 7, *ff. de reg jur.*

3 L. 15, §. 4. L. 19, §. 2. L. 41, pr., *ff. eod.* L. 8, C. eod.

4 L. 36, pr., *ff. eod.*

5 L. 15, *ff.* L. 8, C. de vulg. et pup. subst.

6 §. 5, *Inst. de milit. test.* L. 22, *ff. eod.*

7 L. 12, *ff. de castr. pecul.*

8 L. 4, §. 2, *ff. eod.*

9 L. 7, *sq., ff. de test. milit.* L. 10, C. eod.

crouloit de plein droit : il n'étoit point exposé à la plainte d'inofficiosité[1], ni aux réductions des quartes falcidie et trébellianique.[2]

Loin d'infirmer les dispositions des militaires, on cherchoit à les soutenir : ainsi, lorsque quelqu'un avoit fait un testament contre les règles avant d'entrer au service, et qu'étant devenu militaire il le confirmoit d'une manière quelconque pendant l'expédition, son testament devenoit valable, comme nouvelle déclaration de dernière volonté.[3]

Enfin, le soldat pouvoit révoquer son testament par une simple déclaration verbale[4], et décéder avec plusieurs testamens, pourvu que les dispositions postérieures ne dérogeassent point aux antérieures ; auquel cas les premières l'emportoient.[5]

De quelques autres priviléges.

On trouve encore quelques priviléges épars, qui ne forment point, comme les précédens, l'objet de certains titres.

On avoit établi en principe : *Ignorantia juris militibus non nocet*[6] ; de là plusieurs priviléges qui avoient pour but d'affranchir les militaires des formalités qu'ils n'entendoient pas.

C'est ainsi que le soldat, qui avoit oublié de faire l'inventaire d'une succession, n'étoit tenu des dettes que jusqu'à concurrence de son émolument.[7] De l'inventaire.

Les donations entre-vifs, soit mobilières, soit immobilières, lorsqu'elles excédoient la somme de *cinq cent cinquante solidi*, De l'insinuation.

---

1 L. 24, 29. *C. de inoffic. test.*

2 L. 17, §. 4, *ff. de test. milit.* L. 12, *C. eod.* L. 17. L. 92. *L. ult. ff. ad leg. falc.*

3 §. 4, *Inst. de milit. test.* L. 15, §. 9, *ff. eod.*

4 L. 15, §. 1, *ff. eod.*

5 L. 19, 27, 36, *ff. eod.*

6 L. 1, *C. de jur. et fact. ignor.*

7 §. 15, L. f., *C. de jur. delib.*

n'étoient valables qu'après l'insinuation aux actes; mais lorsqu'elles étoient faites par un officier à des soldats, elles n'y étoient pas soumises, quel que fût leur montant. [1]

De la reven-
dication.

Ordinairement celui[2] avec l'argent duquel on avoit acheté une chose, n'avoit d'action personnelle que contre l'acheteur[2] : si le propriétaire de l'argent étoit un militaire, il avoit le droit de le revendiquer d'entre les mains de tout possesseur quelconque. [3]

Conditio in-
debiti.

Dans l'action appelée *conditio indebiti*, celui qui répétoit une somme payée, en alléguant qu'il n'en avoit pas été le débiteur, étoit tenu de le prouver: si l'action étoit intentée par un militaire, c'étoit au défendeur à prouver que ce que lui avoit été payé, lui étoit dû. [4]

De la tutelle.

D'autres priviléges consistoient dans l'immunité de certaines charges. On étoit exempté de la tutelle, lorsqu'on avoit plusieurs enfans : il falloit en avoir trois à Rome, quatre en Italie, et cinq dans les provinces; ceux qui n'existoient plus, n'entroient en ligne de compte qu'autant qu'ils étoient morts pour la patrie : *Hi enim, qui pro republica ceciderunt, in perpetuum per gloriam vivere intelliguntur* [5]. Cependant cette disposition ne s'étendoit pas au soldat qui avoit péri dans un siége[6], parce qu'il étoit plus glorieux de périr au champ de bataille que derrière un retranchement. Les militaires, tant ceux en activité de service, que ceux qui étoient congédiés, y compris les vétérans, ne pouvoient se charger de la tutelle, même lorsqu'ils le vouloient.[7]

Beneficium
competentiæ.

Les militaires jouissoient du *beneficium competentiæ*, en vertu

---

1 *L. 36, C. de donat.*

2 *L. 6, C. de rei vindicat.*

3 *L. 8, C. eod.*

4 *L. 26, §. 1, ff. de probat.*

5 *Pr. Inst. de excusat. tut. vel curat.*

6 *L. 18, ff. de excusat. tut.*

7 *L. 8, ff. eod. §. 14, Inst. eod. L. 4, C. qui dari tutor.*

duquel ils n'étoient tenus de payer que jusqu'à concurrence de leurs moyens, en retenant sur leurs biens ce qui leur étoit nécessaire pour vivre selon leur condition. [1]

La discipline et l'honneur étoient une nouvelle source de priviléges. Il n'étoit pas permis aux militaires d'acheter des terres dans la province où ils faisoient leur service [2], pour éviter que le soin de l'agriculture ne les détournât de celui des armes, et que l'intérêt ne l'emportât sur le devoir.

Le militaire qui prenoit à bail un fonds de terre, étoit noté d'infamie [3], pour avoir dérogé à la dignité des armes par une possession honteuse : cependant, lorsqu'il encouroit cette flétrissure pour un délit autre que militaire, il n'étoit point réputé infame, même dans la suite, lorsqu'il avoit reçu son congé. [4]

Défense d'acheter des terres;

d'affermer un fonds étranger.

---

1 L. 6, 16, 18, *ff. de re judicata.*
2 L. 9, 13, *ff. de re milit.* L. 31, *C. ff. locat. et conduct.*
3 L. *f.*, *C. cod.*
4 L. 7, *C. de re milit.*

LÉGISLATION FRANÇOISE

SUR LES PRIVILÉGES CIVILS ACCORDÉS AUX MILITAIRES.

Promulgué au milieu des victoires les plus brillantes, le Code civil n'a point oublié tant de braves citoyens qui les remportoient. Il résulte de son texte et de quelques dispositions supplémentaires, que l'armée jouit de certains priviléges à l'égard des actes de l'état civil, de l'absence, de la tutelle, de la forme des successions et de celle des testamens.

Des actes de l'Etat civil.

Des militaires hors du royaume.

Les actes de l'état civil concernant les militaires en activité de service dans l'intérieur du royaume, sont réglés par la loi commune; mais, en temps de guerre, lorsque l'armée est sur le territoire étranger, ils sont nécessairement soumis à des dispositions particulières. Lors de la discussion du Code, on avoit proposé de s'en référer à l'article 47, qui porte que tout acte de l'état civil des François, fait en pays étranger, fera foi, s'il a été rédigé dans les formes usitées dans ledit pays; mais on a répondu que la patrie du militaire est attachée à ses drapeaux, et que la France est partout où est l'armée.[1] Ainsi la loi statue particulièrement sur tous les actes de l'état civil des militaires et autres personnes employées à la suite des armées hors du royaume, en conservant les règles ordinaires, chaque fois qu'elle n'établit pas d'exceptions expresses.[2]

Des fonctionnaires, et des registres.

Les fonctions d'officier de l'état civil sont remplies par le quartier-maître dans chaque corps d'un ou plusieurs bataillons ou

---

[1] Exposé des motifs, tom. I.er, p. 53, 244, 249.
[2] Art. 88, Cod. civ.

escadrons, et par le capitaine commandant dans les autres corps : elles sont remplies, pour les officiers sans troupe et pour les employés, par l'intendant militaire attaché à l'armée ou au corps d'armée. [1]

Il y a un registre de l'état civil dans chaque corps de troupe, pour les individus du corps; il y en a un autre à l'état-major, pour les officiers sans troupe et les employés [2]. Les registres sont cotés et paraphés, dans chaque corps, par l'officier qui le commande; et à l'état-major, par le chef de l'état-major général [3] : ils sont conservés de la même manière que les autres registres des corps et états-majors, et déposés aux archives de la guerre à la rentrée des corps ou armées sur le territoire françois. [4]

L'instruction du ministre de la guerre [5], sur l'exécution des dispositions du Code civil et de divers décrets applicables aux militaires de toute arme, du 15 Novembre 1809, développe ces dispositions, en y ajoutant les suivantes.

Les obligations imposées au quartier-maître, relativement aux fonctions d'officier de l'état civil, sont remplies à son défaut par l'officier chargé de la tenue des contrôles nominatifs; celles de l'intendant militaire peuvent l'être par chacun des officiers composant le corps des intendans militaires : sans que l'acte con-

---

1 Art. 89, C. civ. L'ordonnance du 29 Juill. 1817, en donnant aux intendans militaires, sous-intendans militaires et adjoints, les attributions des inspecteurs aux revues et commissaires des guerres, ne les a point définitivement déterminées : on pense que celles des inspecteurs aux revues et des commissaires ordonnateurs compètent aux intendans militaires, et celles des sous-inspecteurs et des commissaires des guerres, aux sous-intendans militaires et aux adjoints.

2 Art. 90, Cod. civ.

3 Art. 91, id.

4 Art. 90, id.

5 Voyez BERRIAT, Législation militaire, ou Recueil méthodique et raisonné des lois, ordonnances, arrêtés, réglemens et instructions actuellement en vigueur, sur toutes les branches de l'état militaire.

cernant un individu qui n'est pas dans le ressort de leur police, soit pour cela réputé nul.

L'intendant militaire à l'état-major, et les officiers dans les divers corps ou détachemens, chargés de tenir les registres de l'état civil, sont tenus d'en envoyer tous les mois un extrait collationné au ministre de la guerre.

Les registres de l'état civil, tenus à l'état-major, restent sous la surveillance et dans les bureaux du chef de l'état-major; cependant ils peuvent être confiés, momentanément, à l'intendant militaire, lorsque l'inscription d'un acte exige leur déplacement. En général, tout ce qui concerne les actes de l'état civil doit être surveillé par le conseil d'administration et par l'intendant militaire.

Lorsqu'un témoin est dans l'impossibilité de se rendre auprès de l'officier de l'état civil, ou qu'il ne le peut faire dans le délai prescrit, le sous-intendant militaire, ou, à son défaut, tout officier présent, le plus élevé en grade, reçoit, par écrit, sa déclaration, pour être transcrite sur le registre[1]. Lorsque le sous-intendant militaire n'est point légalement désigné pour remplir ces fonctions, et dans le cas où elles seroient remplies par des officiers pris parmi les combattans, les actes visés par eux doivent être considérés comme de simples procès-verbaux, d'après lesquels l'intendant militaire ou le sous-intendant militaire attaché au quartier général rédige l'acte de l'état-civil, après avoir annexé les pièces à son registre.[2]

Enfin, les dispositions concernant les militaires hors du royaume sont applicables aux corps qui, dans un cas d'évasion ou de révolte sur le territoire françois, se trouveroient dans l'impossibilité de recourir aux officiers publics ordinaires.[3]

---

1 Instr. : disp. gén.

2 Circulaire du 15 Juin 1811.

3 Art. 10 de l'ordonnance du 13 Janv. 1817.

L'article 55 n'accorde que trois jours après l'accouchement pour Des actes de naissance. les déclarations de naissance ; à l'armée, elles se font dans les dix jours, et l'officier chargé de les inscrire est tenu, dans les dix jours qui suivent l'inscription, d'en adresser un extrait au dernier domicile du père de l'enfant, ou de sa mère, si le père est inconnu. Afin d'éviter les erreurs, lorsque les corps sont détachés et n'ont point sous les yeux leur registre-matricule, l'officier de l'état civil doit envoyer l'extrait au dépôt du corps, pour y être confronté avec le signalement du père de l'enfant, et transmis, par le conseil d'administration, au susdit domicile, afin d'y être inscrit sur les registres communs à tous les citoyens [1]. Un double de l'extrait est en outre envoyé au ministre de la guerre.

Les actes de naissance concernant les militaires embarqués sont réglés par les mêmes dispositions que ceux des enfans nés pendant un voyage de mer. [2]

Les anciennes ordonnances défendoient aux militaires de se Des actes de mariage. marier sans la permission du Roi : tombées en désuétude depuis 1789, elles ont été remises en vigueur, avec quelques modifications, par le décret du 16 Juin 1808, qui statue que les officiers en tout genre, en activité de service, ne peuvent se marier qu'après en avoir obtenu la permission, par écrit, du ministre de la guerre, et que ceux qui ont contracté un mariage sans cette permission, encourent la destitution et la perte de leurs droits, tant pour eux que pour leurs veuves et leurs enfans, à toute pension ou récompense militaire. [3]

En cas de contravention, la loi ayant déjà prononcé une peine autre que la nullité du mariage, cette dernière n'est point

---

1 Art. 98, Cod. civ.

2 Art. 59, *idem.*

3 Mesures arrêtées par le ministre de la guerre, le 10 Août 1808, pour l'exécution de ce décret.

encourue, conformément au principe qui ne permet pas d'infliger deux peines à la fois[1]. Les sous-officiers et soldats en activité de service ne peuvent contracter mariage qu'après avoir obtenu la permission du conseil d'administration.

Les mêmes dispositions sont applicables aux intendans militaires, sous-intendans militaires et adjoints, aux officiers de santé militaires de toutes classes et de tous grades, et aux officiers, sous-officiers et soldats des bataillons des équipages[2]. Elles le sont aussi aux officiers réformés.[3]

De même tout militaire invalide qui se marie sans l'autorisation du ministre de la guerre, donnée sur la demande du général commandant, est obligé de quitter sur-le-champ l'hôtel des Invalides. Il jouit, dans le lieu de son domicile, de la pension accordée aux défenseurs de la patrie.[4]

Quant aux vétérans, ils ne peuvent se marier avant d'en avoir obtenu la permission du ministre de la guerre, par l'intermédiaire du général commandant.[5]

Enfin, il est expressément défendu aux officiers publics de marier les militaires rentrés dans leurs foyers, qui ne sont pas porteurs d'un congé absolu ou de réforme de leur corps[6]. Le congé doit faire connoître s'ils sont ou ne sont pas mariés.[7]

L'officier de l'état civil qui sciemment a célébré le mariage d'un officier ou d'un sous-officier ou soldat en activité de service, sans s'être fait remettre les permissions réquises, ou qui a négligé de les joindre à l'acte de célébration, est destitué de ses fonctions.[8]

---

1 MERLIN, Rép. de jur., art. *Nullité*, §. 1, n.° 3; art. *Mariage*, sect. 3, §. 2, n.° 6.
2 Décret du 28 Août 1808.
3 Avis du Conseil d'État, du 21 Décembre 1808.
4 Arrêté du 27 Prairial an VIII.
5 Loi du 1.er Floréal an II, tit. VI, art. 47.
6 Circul. des 23 Sept. 1814 et 1.er Févr. 1815.
7 Circul. du 21 Frim. an X.
8 Décret du 16 Juin 1818.

On a maintenu, à l'égard des militaires en activité de service dans l'intérieur du royaume, les dispositions de l'article 74[1], qui veut que le mariage soit célébré dans la commune où l'un des deux époux a son domicile, et que ce domicile soit établi par six mois d'habitation continue dans la même commune. Cependant, comme cette résidence est souvent impossible, il suffit de justifier qu'on est au corps depuis plus de dix mois, et l'officier public doit en faire mention sur ses registres. S'il s'agit d'un officier sans troupe, il justifie seulement de la date de l'ordre qui l'a appelé dans la commune où il est.[2]

Lorsque l'armée est hors du territoire françois, les publications des mariages des militaires ou employés se font au lieu de leur dernier domicile[3]; quant aux enfans de troupe, qui, en grande partie, n'ont jamais eu d'autre domicile que sous les drapeaux, les publications sont faites dans l'endroit où se trouve le corps. Toute publication est mise, en outre, vingt-cinq jours avant la célébration, à l'ordre du jour[4]. Immédiatement après l'inscription de la célébration, l'officier est tenu d'adresser expédition de cet acte au conseil d'administration, qui doit le comparer à ses registres-matricules, et l'envoyer au dernier domicile des époux.[5]

Les actes de décès sont dressés, dans l'intérieur du royaume, sur l'attestation de deux témoins[6]; il en faut trois hors du royaume.[7] *Des actes de décès.* L'extrait est envoyé, dans les dix jours, au dernier domicile du décédé, et au ministre de la guerre, par l'intermédiaire du conseil d'administration, qui doit les relater sur les registres-matricules.

---

1 Avis du Conseil d'État, du 2 complément. an XIII.
2 Instr., tit. 2.
3 Art. 94, Cod. civ.
4 *Idem.*
5 Art. 95, *id.*
6 Art. 78, *id.*
7 Art. 96, *id.*

Tout acte de décès d'un militaire revêtu de l'un des titres spécifiés par les décrets du 1.ᵉʳ Mars 1808 [1], doit être notifié, dans le mois, au procureur-général du sceau des titres, par le chef de l'état-major de chaque division d'armée de terre ou de mer, ou par le chef de l'état-major général. [2]

A l'égard des militaires tués sur le champ de bataille, l'officier de l'état civil doit se faire rendre compte, à la suite de chaque action, par les sergens-majors, des noms de ceux qui manquent, et constater, devant trois témoins, la mort ou la prise par l'ennemi des hommes absens.

En cas de décès dans les hôpitaux militaires ambulans ou sédentaires, l'acte de décès est rédigé par le directeur desdits hôpitaux et renvoyé au quartier-maître du corps, ou à l'intendant militaire de l'armée ou du corps d'armée, qui sont chargés d'en faire parvenir une expédition au dernier domicile du décédé. [3] L'extrait des registres que tiennent les directeurs desdits hôpitaux, doit être remis chaque mois, en double expédition, au sous-intendant militaire, qui le fait passer de suite au ministre de la guerre avec un bordereau nominatif pour chaque hôpital.

A la suite d'une bataille ou d'une action, ou dans le cas d'un siége, les sous-intendans militaires et les directeurs doivent réunir tous les renseignemens sur ceux qui ont été tués, et les inscrire sur les registres [4]. Lorsqu'on ne peut se conformer à toutes les formalités prescrites, il ne faut pas moins en dresser l'acte, en indiquant ses irrégularités et leurs motifs : cette pièce devient pour les familles un commencement de preuve, et sa valeur est ensuite déterminée par les tribunaux.

---

1 Bullet. des lois, n.° 186, 4.ᵉ série.

2 Décret du 4 Mai 1809. Circul. du 16 Février 1813.

3 Art. 97, Cod. civ.

4 Art. 485 de l'arrêté du 24 Therm. an VIII, concernant les hôpitaux milit.

Immédiatement après le décès d'un malade ou blessé dans un hôpital, l'infirmier du quartier en avertit le chirurgien de garde, qui, après s'être assuré si la mort est réelle, fait transporter le corps par les infirmiers dans le lieu destiné à cet effet. Les corps des malades ou blessés décédés ne sont enterrés que vingt-quatre heures après leur mort, à moins que les officiers de santé n'en décident autrement. [1]

Lorsqu'un militaire est décédé dans une prison, le concierge doit en rendre compte sur-le-champ au commandant de gendarmerie, qui doit dresser inventaire de ses effets et donner dans le même acte tous les renseignemens sur le décédé. Cet inventaire est envoyé au directeur de l'hôpital militaire, ou, lorsqu'il n'y en a pas, aux administrateurs de l'hospice le plus voisin, pour qu'ils en agissent de la même manière que si le militaire étoit décédé dans lesdits hôpitaux. [2]

Quant aux militaires qui meurent prisonniers de guerre, comme ils ne sont plus sous les drapeaux, leur décès est constaté dans les formes usitées dans le pays où ils viennent à décéder. [3]

Les conseils d'administration des corps doivent recevoir la déclaration des prisonniers de guerre rentrans sur le sort des individus en activité avec eux, et de la mort de qui ils peuvent avoir été témoins ; il est dressé procès-verbal de ces déclarations par les officiers de l'état civil : le procès-verbal est signé des témoins et de l'officier qui l'a rédigé, certifié par le conseil d'administration et visé par le sous-intendant militaire. A défaut de l'acte légal,

---

1 Art. 475, 476 du même arrêté.

2 Art. 23 de l'instruction du 2 Mai 1808, sur la destination à donner dans les hôpitaux ou dans les prisons aux effets et armes des militaires décédés ou évadés.

3 Art. 47, Cod. civ.

il devient un titre authentique, après avoir été sanctionné par les tribunaux. [1]

Cependant, lorsqu'il se présente trois témoins du décès d'un militaire ou d'un employé, l'officier chargé de l'état civil ne doit point dresser un simple procès-verbal, mais bien rédiger l'acte de décès dans les formes prescrites, et en adresser dans les dix jours une expédition à l'officier de l'état civil du dernier domicile du décédé, et une seconde au ministre de la guerre. [2]

A l'égard du militaire condamné à mort, le rapporteur près le tribunal qui en a requis l'exécution en vertu d'un jugement, est tenu d'envoyer dans les vingt-quatre heures de l'exécution le procès-verbal qu'il en a dressé, au conseil d'administration du corps auquel il appartient ; et le décès est relaté tant sur les registres-matricules que sur les états de mutations, sans faire mention du genre de mort [3] : il doit envoyer dans le même délai, à l'officier de l'état civil du lieu où le condamné a été exécuté, tous les renseignemens énoncés à l'article 79, d'après lesquels l'acte de décès est dressé.

A l'égard des militaires embarqués, le décès est constaté comme celui qui survient pendant un voyage de mer. [4]

Les officiers d'aucun grade des troupes de terre ne sont, sur mer, chargés dans aucun cas de remplir les fonctions d'officier de l'état civil ; mais le commandant de chaque détachement doit toujours avoir un contrôle nominatif de la troupe qui est sous ses ordres, et y noter les mutations de toute nature. [5]

Enfin, le décès des militaires ne peut être prouvé par de simples

---

[1] Circul. du 23 Fruct. an IX, relative aux militaires françois faits prisonniers de guerre.

[2] Décision du 6 Sept. 1813, rappelée dans la circulaire du 19 Juillet 1814.

[3] Art. 85, Cod. civ.

[4] Art. 86, id.

[5] Instr., tit. 5.

actes de notoriété : à l'égard de l'absence, on ne peut déclarer le mariage dissous après un certain nombre d'années ; ainsi la femme qui veut contracter un second mariage, est tenue, en tous cas, de produire l'acte de décès de son mari. [1]

De l'absence.

On a cherché à assurer, autant que possible, les intérêts des militaires pendant leur absence. En vertu du décret du 11 Ventôse an II, le juge de paix est tenu, immédiatement après l'apposition des scellés sur les effets et papiers délaissés par les pères et mères des défenseurs de la patrie et autres parens, d'en avertir leurs héritiers, s'il sait à quel corps ou armée ils sont attachés, et d'en instruire le ministre de la guerre ; si, après un mois, l'héritier ne donne pas de ses nouvelles, la famille, et à son défaut les voisins, doivent être convoqués, sans frais, à la demande d'un intéressé, ou d'office par le juge de paix, à l'effet de nommer un curateur à l'absent.

Le curateur doit provoquer la levée des scellés, assister à leur reconnoissance, faire procéder à l'inventaire et à la vente, en recevoir le prix, à la charge d'en rendre compte, soit au militaire absent, soit à son fondé de pouvoir ; enfin il doit administrer les immeubles en bon père de famille. Ces dispositions sont communes aux officiers de santé et à tous autres citoyens attachés au service des armées. [2]

Lorsque les militaires se trouvent en pays ennemi ou au bivouac [3], n'ayant pas de notaire, ils peuvent s'adresser au conseil d'administration du corps auquel ils appartiennent, qui leur remet une procuration, certifiée par chacun des membres et

Décret du 11 Ventôse an II.

---

1 Art. 139, 188, Cod. civ. Avis du Conseil d'État, du 17 Germinal an XIII, sur les preuves admissibles pour constater le décès des militaires.

2 Loi du 16 Fruct. an II.

3 *Idem.*

scellée du sceau de l'administration: les intendans et sous-intendans militaires doivent en agir de même à l'égard des officiers sans troupe et des employés; les certificats de vie se délivrent de la même manière en pareil cas. [1]

Loi du 6 Brum. an V. La loi du 6 Brumaire an V, sur les mesures à prendre pour conserver les propriétés des défenseurs de la patrie, portoit :

Que les tribunaux civils de département nommeroient trois citoyens probes et éclairés, qui formeroient un conseil officieux, chargé de consulter et de défendre gratuitement, sur la demande des fondés de pouvoir, les affaires des défenseurs de la patrie;

Qu'aucune prescription, expiration de délai ou péremption d'instance ne pourroit être acquise contre eux pendant tout le temps qui s'écouleroit depuis leur départ de leur domicile jusqu'à l'expiration d'un mois après la publication de la paix générale, ou après la signature du congé absolu qui leur auroit été délivré avant cette époque, excepté toutefois ceux qui auroient formellement acquiescé aux jugemens rendus contre eux ;

Que les jugemens prononcés contre les défenseurs de la patrie ne pourroient donner lieu au décret ni à la prise de possession d'un immeuble pendant ce délai ;

Qu'aucun de ces jugemens ne pourroit être mis à exécution qu'autant que la partie poursuivante auroit présenté et fait recevoir une caution solvable de rapporter, le cas échéant.

On pense que les dispositions de cette loi ont été en vigueur jusqu'au traité de Paris du 20 Novembre 1815, et que les délais n'ont commencé à courir qu'à dater de cette époque. Mais ils ne parurent pas suffisans : l'ordonnance du 21 Décembre 1814 les prorogea jusqu'au 1.er Avril 1816, en autorisant les cours et les tribunaux d'accorder tel nouveau délai qui leur paroîtra convenable, en faveur des militaires qui, n'étant pas rentrés en France

---

1 Instruction, titre 6, art. 4.

à ladite époque, justifieroient en avoir été empêchés par maladie ou par tout autre motif légitime. [1]

Enfin, il résulte de l'ordonnance du 13 Janvier 1817, sur le moyen de constater le sort des militaires absens,

Que, lorsqu'un militaire en activité pendant les guerres qui ont eu lieu depuis le 21 Avril 1792 jusqu'au traité de paix du 20 Novembre 1815, a cessé de paroître avant cette dernière époque à son corps, ou au lieu de son domicile ou de sa résidence, ses héritiers présomptifs ou son épouse peuvent se pourvoir au tribunal de son dernier domicile, soit pour faire déclarer son absence, soit pour faire constater son décès. *Ordonnance du 13 Janvier 1817.*

Leur requête et les pièces justificatives sont communiquées au procureur du Roi, et par lui adressées au ministre de la justice, qui les transmet au ministre de la guerre et rend publique la demande. [2]

La requête, les extraits d'actes, pièces et renseignemens recueillis au ministère de la guerre, sont envoyés, par l'intermédiaire du ministre de la justice, au procureur du Roi : si l'acte de décès a été envoyé à ce dernier, il doit le remettre immédiatement à l'officier de l'état civil, pour qu'il soit inscrit sur les registres ; à défaut de cet acte, le tribunal rejette la demande, s'il résulte que l'individu existe, ou ajourne l'instruction pendant un délai qui ne doit pas excéder un an, lorsqu'il y a seulement lieu de le présumer. Enfin, l'absence peut être déclarée, après le délai d'un an, à compter de l'annonce officielle, lorsqu'il est prouvé que l'individu a disparu sans qu'on ait eu de ses nouvelles, depuis deux ans s'il se trouvoit en Europe, et depuis quatre ans s'il servoit au dehors.

Si le présumé absent a laissé une procuration, l'envoi en pos-

---

1 Les statuts du 16 Mars 1807 ordonnoient la publication des lois précitées dans les départemens au-delà des Alpes.

2 Art. 118, Cod. civ.

session provisoire sous caution peut être demandé, sans attendre le délai de dix années révolues depuis sa disparition ou ses dernières nouvelles[1] ; mais à la charge de restituer, en cas de retour, les fruits perçus pendant les dix premières années de l'absence.

Enfin, si les héritiers présomptifs ou l'épouse négligent de se pourvoir en déclaration d'absence ou de décès, les créanciers ou tous autres intéressés peuvent le faire après une interpellation d'un mois.

De la tutelle.

Dispense de la tutelle. Les militaires en activité de service sont dispensés de la tutelle.[2]

L'individu qui a cinq enfans légitimes, est dispensé de toute tutelle, autre que celle desdits enfans. Les enfans morts en activité de service dans les armées du Roi, sont toujours comptés pour opérer cette dispense[3]. Cette disposition est tirée de la loi du 6 Ventôse an XIII, qui porte que « les défenseurs de la patrie « tués en combattant pour elle, ou morts par suite de leurs bles- « sures, vivent pour la gloire et dans la reconnoissance de la « nation ; en conséquence et dans tous les cas où le nombre « des enfans peut servir à excuser de quelque charge publique, « ils sont réputés vivans et font nombre dans leur famille. »

Tutelle temporaire. Dans le cas où un militaire, hors du territoire du royaume, laisse en mourant, dans le corps dont il faisoit partie, un ou plusieurs enfans, sans que la mère soit présente, le conseil d'administration doit nommer de suite, parmi les officiers dudit corps, un tuteur temporaire, dont les fonctions se bornent seulement à régler provisoirement les intérêts du mineur avec le corps. Cet

---

1 Art. 121, 122, Cod. civ.
2 Art. 428, *id.*
3 Art. 436, *id.*

officier doit se hâter de prévenir la famille du décès du père de
l'enfant, afin que, conformément aux lois, il puisse lui être nommé un tuteur dans le plus court délai; aussitôt la nomination de
ce dernier, les fonctions du tuteur temporaire sont terminées de
droit, après cependant qu'il aura rendu les comptes que sa ges-
tion a pu nécessiter. [1]

Des formalités relatives aux successions.

Lorsqu'un militaire [2] appartenant à un corps vient à décéder sur
le territoire françois, le juge de paix de l'arrondissement en est
aussitôt prévenu; il met les scellés sur les effets du décédé. Le
scellé est levé dans le plus bref délai, en présence d'un officier
chargé par le conseil d'administration d'y assister, et de signer le
procès-verbal de désignation des effets : la vente en est faite avec
les formalités requises, et le produit, déduction faite du sou pour
livre pour le paiement du greffier, des frais funéraires, des gages
des domestiques, de ce qui peut être dû au corps et d'autres frais,
qui sont tous constatés, est remis au conseil d'administration, qui
le dépose dans la caisse du corps, et reste responsable envers les
héritiers du montant de la succession.

Lorsqu'un militaire vient à décéder hors du territoire du
royaume, le chef du corps ou l'officier le plus élevé en grade,
présent sur les lieux, commet un officier pour apposer les scellés,
qui sont levés, et la désignation des effets et leur vente faite comme
ci-dessus.

Lorsqu'il s'agit du décès d'un officier général ou supérieur [3],
d'un intendant militaire, officier en chef des armées, retiré ou en
activité de service dans l'intérieur du royaume, les scellés sont

---

[1] Instruction, tit. 6, art. 3.
[2] Instruction, tit. 3.
[3] Arrêté du 13 Nivôse an X.

apposés sur les papiers, cartes et plans qui ne lui appartenoient pas, et sur tous les effets qui lui appartenoient, par le juge de paix du lieu du décès, en présence du maire de la commune ou de son adjoint, lesquels sont respectivement tenus d'en instruire de suite le général commandant la division militaire et le ministre de la guerre. Le général, dans les dix jours suivans, nomme un officier pour être témoin à la levée des scellés et à l'inventaire des objets : ceux qui sont reconnus appartenir au Gouvernement, ou que l'officier juge devoir l'intéresser, sont inventoriés séparément et remis audit officier sur son reçu. Il est rendu compte au ministre de la guerre de ceux des objets qui appartenoient en propre au décédé ; l'estimation en est faite, et la valeur acquittée à qui de droit, sur les fonds affectés au dépôt de la guerre. Le surplus de ces objets est délivré de suite et sans frais à ses héritiers ou ayans droit.

A l'égard des officiers décédés en campagne ou sur le champ de bataille, les sous-intendans militaires exercent les fonctions attribuées aux juges de paix, et les chefs de l'état-major sont autorisés à commettre un adjoint à l'état-major pour remplir les fonctions de l'officier sus-mentionné.

Lorsque les héritiers ne sont pas sur les lieux[1], ils sont de suite prévenus du décès par le sous-intendant militaire chargé de l'apposition des scellés, lequel leur fait passer également copie de l'inventaire.

Lorsque les héritiers ne sont pas connus, ces renseignemens sont donnés au juge de paix de l'arrondissement du lieu où est né le décédé : si dans le délai suffisant leur réponse n'est point parvenue, ou qu'elle n'indique pas de destination pour les effets non susceptibles d'être conservés, il est procédé de suite à leur vente, et le montant en est versé entre les mains du payeur de la

---

[1] Instruction, tit. 3.

division, ainsi que l'argent provenant de la succession, pour être transmis par lui à la caisse d'amortissement.

En tous cas aucun des objets appartenant à la succession d'un militaire décédé ne peut être remis qu'au porteur d'une procuration légale et authentique, et, s'il est seul, cette pièce doit énoncer qu'il agit au nom de la totalité des héritiers. Ces opérations n'ont lieu qu'autant qu'il n'existe point de testament, auquel cas il faut se conformer aux intentions du testateur, et s'entendre, pour leur exécution, avec le juge de paix de son lieu de naissance.

En vertu du décret du 1.er Juillet 1809, les héritiers des officiers décédés doivent, pour obtenir le paiement des sommes acquises à ces militaires à l'époque de leur décès, à toute solde d'activité, solde de retraite, traitement de réforme ou autres attributions d'un service personnel, faire les justifications suivantes.

Si l'officier décédé n'a point fait de dispositions testamentaires, les héritiers doivent présenter, avec son acte de décès, un acte de notoriété, dressé par le juge de paix du domicile de l'officier décédé, sur l'attestation de deux témoins, lequel acte doit constater que ceux qui se présentent, sont seuls et uniques héritiers du défunt.

Si le défunt n'a pas laissé d'enfans, ou qu'il existe un testament pardevant notaire, portant nomination d'un héritier ou d'un légataire universel, ce dernier doit rapporter un extrait de ce testament, qui a dû lui être délivré par le notaire. Si le testament est olographe ou mystique, l'héritier ou le légataire doivent rapporter l'expédition d'envoi en possession qui a été délivrée par le président du tribunal de première instance. [1]

Quant aux successions ouvertes à l'étranger, les certificats délivrés par les magistrats autorisés par les lois du pays sont admis lorsqu'ils ont été présentés, dûment légalisés par les agens du Gou-

---

1 Art. 1008, Cod. civ.

vernement françois. Enfin les mêmes formes doivent être suivies à l'égard des pensions ou soldes de retraite des sous-officiers ou soldats décédés.

Lorsqu'un militaire malade se présente à l'hôpital, on inscrit au dos de son bulletin d'entrée, les armes, habits et effets qui lui appartiennent, et qui lui sont ôtés, afin que le tout lui soit remis à sa sortie, ou, en cas de mort, à la personne chargée de les réclamer : il est tenu un registre desdits effets, et le directeur en est seul dépositaire légal, et responsable envers les héritiers ou ayans droit du décédé.[1]

L'argent et les effets laissés dans les hôpitaux par des militaires décédés ou évadés, ne sont plus mis sous les scellés des juges de paix, cette formalité étant reconnue trop dispendieuse et même inutile depuis l'introduction des registres susmentionnés.[2]

Les sommes sont versées dans le délai d'un mois, à dater du jour du décès ou de l'évasion; le produit de la vente des effets est versé dans le même délai, à dater du jour où elle a eu lieu. Les directeurs et administrateurs des hôpitaux militaires et civils sont tenus de faire les versemens dans les délais prescrits. La caisse d'amortissement tient un compte particulier pour ces sortes de recettes, et les héritiers ou ayans droit à la succession des militaires décédés doivent se pourvoir devant elle pour le recouvrement de ce qui leur revient.[3]

Lorsqu'un militaire est décédé dans une prison ou qu'il s'en est évadé, le concierge doit en rendre compte sur-le-champ au commandant de la gendarmerie, qui doit dresser un inventaire exact de l'argent et des effets laissés par le militaire.

L'argent et les effets, accompagnés de l'inventaire, sont remis

---

[1] Art. 44, 45, 46 de l'arrêté du 24 Therm. an VIII.
[2] Art. 1.er de l'Instruct. du 2 Mai 1808.
[3] Art. 6, 7, 13, eod.

au directeur de l'hôpital militaire, ou, s'il n'y en a pas, aux administrateurs de l'hospice le plus voisin, qui doivent les inscrire sur des registres destinés à cet effet, et en agir de la même manière que si le militaire étoit décédé à l'hôpital, ou s'en étoit évadé.[1]

L'argent des conscrits morts appartient à la succession, sans qu'on puisse en déduire les avances qui peuvent leur avoir été faites en route.

D'après l'ordonnance de 1768, l'épée d'un officier décédé étoit donnée à l'officier chargé du soin de ses obsèques. Le Conseil d'État, considérant que les armes d'honneur et l'épée des officiers décédés sont une propriété sacrée et la portion la plus précieuse de leur héritage, a décidé que les militaires peuvent en disposer par testament, et que, lorsqu'ils n'en ont point disposé ainsi, les armes doivent être envoyées, par le commandant de la place ou du lieu, au maire de la commune du domicile du décédé, pour être, par ce magistrat, remises avec solennité et en présence du conseil municipal à ses héritiers.

De la forme des testamens.

Le testament militaire des Romains fut introduit en France par l'usage, et confirmé, avec quelques modifications, par l'ordonnance du mois d'Août 1735. *(marge: Ordonnance de 1735.)*

En vertu de cette ordonnance[2], le testament militaire étoit fait en présence de deux notaires, ou d'un notaire et de deux témoins, en quelque pays que ce fût. Cette formalité, ordinaire dans les pays coutumiers, faisoit exception dans les pays de Droit écrit. A défaut de deux notaires, le testament étoit fait en présence de

---

1 Instruction, art. 2, 3.

2 Sallé, Esprit des ordonnances de Louis XV. Ord. des testamens, de 1735; art. 27 — 32.

deux officiers pris parmi les majors ou les officiers supérieurs, les prévôts des camps ou armées, leurs lieutenans ou greffiers, et les commissaires des guerres. Lorsque le testateur étoit malade, il pouvoit le faire en présence d'un aumônier ou de deux témoins; en tout cas il devoit signer le testament, ou, s'il ne savoit ou ne pouvoit le faire, on en faisoit mention. Ceux qui recevoient l'acte devoient également le signer.

Le testament olographe n'étoit pas reçu dans les pays de Droit écrit; mais, lorsqu'il avoit été écrit par un militaire, il étoit valable en tout pays. La non-observation des formalités prescrites entrainoît la nullité du testament.

Le testament militaire n'appartenoit qu'à ceux qui étoient en expédition, en garnison ou en quartier hors du royaume, ou prisonniers de guerre chez l'ennemi; cependant ceux qui étoient en garnison dans le royaume, pouvoient en profiter, lorsqu'ils se trouvoient dans une place assiégée.

Le testament militaire s'étendoit à tous ceux qui étoient employés à la suite des armées, à la différence que leurs testamens étoient nuls six mois après leur retour dans un lieu où ils pouvoient tester ordinairement, tandis que les testamens des militaires continuoient toujours à être valables.

Les dispositions de cette ordonnance ont passé presque en entier dans le Code civil. En vertu des articles 981 et suivans, les testamens des militaires et des individus employés dans les armées peuvent, en quelque pays que ce soit, être reçus par un chef de bataillon ou d'escadron, ou par tout autre officier d'un grade supérieur, en présence de deux témoins, ou par deux sous-intendans militaires, ou par un de ces intendans en présence de deux témoins; ils peuvent encore, si le testateur est malade ou blessé, être reçus par l'officier de santé en chef assisté du commandant militaire chargé de la police de l'hospice.[1]

Dispositions du Code civil.

---

1 Art. 981, 982, Cod. civ.

Ces dispositions ne s'appliquent qu'à ceux qui sont en expédition militaire, ou en quartier, ou en garnison hors du royaume, ou prisonniers chez l'ennemi, sans que ceux qui sont en quartier ou en garnison dans l'intérieur puissent en profiter, à moins qu'ils ne se trouvent dans une place assiégée, ou dans une citadelle ou autres lieux dont les portes sont fermées et les communications interrompues à cause de la guerre[1]. Le testament fait dans cette forme est nul six mois après que le testateur est revenu dans un lieu où il a la liberté de recourir aux formes ordinaires.[2]

A l'égard des testamens faits par des militaires embarqués, ils sont soumis aux règles générales des testamens faits sur mer.[3]

Quant à la manière dont s'opère l'envoi des testamens faits hors du territoire du royaume[4], les fonctionnaires autorisés à recevoir ces actes doivent les transmettre, par la première voie sûre, à l'intendant général de l'armée, qui saisit la première occasion convenable pour en faire l'envoi au ministre de la guerre.

Après la réception de ces actes, le ministre doit en faire le dépôt au greffe de la justice de paix du lieu du dernier domicile du testateur, dont l'officier qui a reçu le testament a du s'informer et donner connoissance.

Ces différens dépôts doivent être faits, clos et cachetés, avec une enveloppe portant pour suscription les noms, prénoms, qualités et, autant que possible, l'indication du lieu de son dernier domicile en France. Il ne peut être donné aucune communication des dispositions testamentaires, même aux parties, avant la mort du testateur et l'ordonnance rendue par le président du tribunal du lieu du dernier domicile du décédé.

---

1 Art. 983, Cod. civ.
2 Art. 984, *id.*
3 Art. 988 et suiv., *id.*
4 Circul. du 5 Juin 1811.

L'intendant militaire ou l'officier qui a rédigé l'acte contenant les dernières volontés d'un militaire ou d'un employé à la suite des armées, doit, aussitôt après la mort du testateur, en donner avis, quand il se trouve à portée de le faire, aux personnes qu'il sait y avoir intérêt.

Les militaires sont soumis aux obligations civiles, comme tous les autres citoyens : cependant il faut observer que les soldes de retraite, les traitemens de réforme et les pensions militaires et de la légion d'honneur sont inaliénables; mais on peut faire des retenues sur les pensions de retraite des militaires, au profit de leurs femmes et de leurs enfans, quand ils ne remplissent pas à leur égard les obligations imposées par le Code civil. [1]

Les militaires grevés d'oppositions par leurs créanciers ne touchent que les quatre cinquièmes de leurs appointemens; le cinquième restant est réservé aux créanciers, qui peuvent d'ailleurs exercer leurs droits sur les autres biens de leurs débiteurs. [2]

De même on ne peut comprendre dans les saisies et ventes qui ont lieu en exécution de jugemens rendus contre des militaires en activité, leurs armes et chevaux d'ordonnance, ni leur équipement, ni les livres et instrumens qui leur sont nécessaires. [3]

---

1 Avis du Conseil d'État, du 2 Février 1808.

2 Loi du 19 Pluv. an III.

3 Art. 12, tit. 6, du Réglement du 24 Juin 1792, sur le service intérieur, la police et la discipline de l'infanterie.

FIN.